16 MARS 1876

Vente le Jeudi 16 Mars 1876

SALLES Nos 8 ET 9

REMARQUABLE COLLECTION

DE

M. LE CHR J. DE LISSINGEN

DE VIENNE

EXPOSITIONS :

PARTICULIÈRE :	PUBLIQUE :
Le Mardi 14 Mars 1876.	*Le Mercredi 15 Mars 1876.*

COMMISSAIRE-PRISEUR	EXPERT
Me CHARLES PILLET	M. FÉRAL
10, rue de la Grange-Batelière.	54, rue du Faubourg-Montmartre.

1876

CATALOGUE

DE

TABLEAUX

DE

PREMIER ORDRE

DES ÉCOLES

HOLLANDAISE & FLAMANDE

COMPOSANT LA REMARQUABLE COLLECTION

De M. le Chevalier J. de LISSINGEN

DE VIENNE

DONT LA VENTE AURA LIEU

HOTEL DROUOT, Salles nos 8 et 9

Le Jeudi 16 Mars 1876

à deux heures.

COMMISSAIRE-PRISEUR	EXPERT
Me CHARLES PILLET	M. FÉRAL, Peintre
10, rue de la Grange-Batelière.	54, rue du Faubourg-Montmartre.

Chez lesquels se trouve le présent catalogue.

EXPOSITIONS :

Particulière : Le Mardi 14 Mars 1876

Publique : Le Mercredi 15 Mars 1876

De 1 heure à 5 heures.

CONDITIONS DE LA VENTE.

Elle sera faite au comptant.

Les adjudicataires payeront *cinq pour cent* en sus des enchères.

Ce Catalogue se distribue :

A PARIS

Chez MM. Charles Pillet, commissaire-priseur, rue de la Grange-Batelière, nº 10.

Féral, peintre-expert, 54, rue du Faubourg-Montmartre.

A L'ÉTRANGER.

Londres,	H. Durlacher, 9, King street, Saint-James square.
Bruxelles,	Étienne Leroy, 8, rue des Chevaliers (avenue de la Toison-d'Or).
Berlin,	Lepke, 4, Unter den Linden.
—	Fiocati, Unter den Linden.
Vienne,	Kaeser, 2, Kartner-Ring.
—	Georges Plach.
—	Miethke.
Cologne,	Bourgeois frères.
Rotterdam,	Lamme, conservateur du Musée.
Amsterdam,	Boasberg, Kalverstraat.
La Haye,	Swaab.

Paris. — Typ. Pillet fils aîné, 5, rue des Grands-Augustins.

M. de Lissingen, chevalier de l'ordre de la Couronne de Fer, est un ancien membre du Parlement de Vienne. C'est dans les loisirs que lui laissaient ses fonctions qu'il a réuni la précieuse collection de tableaux énumérés et décrits par ce catalogue. Son goût personnel, très-éclairé déjà et très-fin, s'était encore appuyé du concours amical de toutes les illustrations artistiques dont sa maison, à Vienne, était le rendez-vous ; de telle sorte que, sur les cinquante-trois pièces qui composent sa galerie, on n'en compterait pas une qui ne fût de la plus rare valeur et de la plus scrupuleuse authenticité. Aujourd'hui M. de Lissingen se sépare de ses maîtres chéris ; des raisons de santé le contraignent à se retirer en Italie. Il quitte donc, non sans regret peut-être, Rembrandt pour le Titien et le Prater de Vienne pour les plages latines, ne demandant plus qu'au soleil de l'Italie cette chaude lumière d'or qui rayonnait des murs de son cabinet d'amateur.

Ce qui frappe tout d'abord dans cette collection, c'est son homogénéité bien entendue ; elle constitue à elle seule un petit musée très-complet de l'école préférée. Les principaux maîtres hollandais, grands ou petits, y ont leur place et l'occupent avec des morceaux triés sur le volet. Depuis *Rembrandt* et *Franz Hals* jusqu'à *Teniers* et *Ostade*, tous ces puissants naturalistes néerlandais du XVIIe siècle figurent ici au moins par une toile ; le catalogue en main, on peut suivre la filiation, presque la généalogie artistique, de cette famille de peintres, épris de la lumière et de la vérité, toujours exacts, toujours sincères et qui ne trouvaient pas qu'il fût nécessaire d'épurer la nature pour atteindre au beau. C'est donc là, à part l'élite des choix, une réunion d'œuvres d'un caractère systématiquement hollandais, et en cela très-particulière. Mais dans ces limites, le collectionneur s'est étendu aussi loin que possible ; c'est ainsi qu'à côté de toiles, par elles-mêmes admirables, il a placé des œuvres curieuses et rares, telles que cette *Ferme* de *Camphuysen*, peintre presque inconnu, dont ni le Louvre, ni le Musée d'Amsterdam ne possèdent aucun tableau, mais à qui revient l'honneur d'avoir été le maître de Paulus Potter. Il est probable également que le public profitera de l'occasion qui lui est offerte d'étudier la manière d'un artiste assez rare, *Van de Cappelle*, que de bons juges estiment avoir été élève d'Albert Cuijp, et dont il verra passer sous ses yeux une marine du plus haut intérêt artistique.

Ab Jove principium : saluons d'abord dans son triomphe le grand amant de l'or et de la lumière, le peintre magicien *Rembrandt*. Un portrait d'homme, signé et daté, et de grandeur naturelle, telle est la pièce capitale de la collection. Ce portrait, quel personnage représente-t-il ? la critique ne s'est pas prononcée sur ce point. L'homme est encore jeune ; son expression est profondément pensive ; ses traits semblent tirés et fatigués par l'étude ; le regard de ses yeux noirs est chargé de la réverbération fixe de quelque vision intérieure. Les mains maigres et fines attestent l'homme de race intellectuelle, peut-être l'artiste. A côté de lui, sur un socle, un buste d'enfant est placé, dans une intention très-écrite d'intimité, mais dont le sens est resté le secret du temps. D'ailleurs aucune autre indication sur les feuilles du livre qu'il tient entre les mains que la signature du peintre et cette date 1658. Par la facture, en effet, ce portrait appartient à la période la plus imposante du génie de Rembrandt, période contenue entre 1642 et 1661, ou si l'on veut entre la Ronde de nuit et les Syndics des Drapiers. Durant ce temps *Rembrandt*, parvenu à la maturité de son talent, entreprit une série de recherches de coloris dont il devait formuler la synthèse dans cette réunion de six portraits en un seul cadre qu'on nomme les Syndics de la Corporation des Drapiers et qui, sous ce nom peu fait pour la popularité, reste l'une des productions maîtresses du génie humain. A cette série se rattache le portrait qui nous occupe ; il est lui-même un spécimen hors ligne de la grande manière du peintre et de ses extraordinaires combinaisons de clair-obscur. Des fonds bruns et transparents, où tout palpite dans une atmosphère chaude et vibrante, la lumière se dégage insensiblement, elle baigne le bord de la toque et les cheveux dans un fluide d'or, puis elle éclate sur le front et la moitié du visage avec une intensité surprenante ; les manchettes blanches et les mains en reçoivent un reflet concentré, de là elle remonte par une dégradation de demi-clartés brunes ou mordorées, effleure les parties supérieures du vêtement et se perd dans la moitié obscure du visage. C'est une apparition dans un coup de soleil. Par ce portrait et d'autres de la même espèce, Rembrandt se montre à nous plus grand portraitiste qu'Holbein et que Velasquez, car malgré leur puissant génie, jamais ces deux maîtres n'ont atteint à ce degré de réalisation qui révèle à la fois le dehors et le dedans d'un personnage et lui fait transparaître jusqu'à l'âme sur la face.

C'est un fier maître aussi que ce *Franz Hals* dont la présente collection, plus riche en cela que notre Musée du Louvre, nous offre deux superbes portraits, l'un d'homme, l'autre de femme, qui sont évidemment des pendants. *Franz Hals* a longtemps été dédaigné par les amateurs de la peinture fondue et moelleuse, et son puissant réalisme, qui ne triche pas avec la nature, n'escamote rien et tire profit de tout, ne commence à être apprécié à sa haute valeur que depuis le retour du goût public à ces principes de vérité hors desquels il n'y a pas de génie en art. Plus nous avancerons dans cette voie naturaliste, plus la gloire de *Franz Hals* grandira. On a dit qu'il était le peintre des artistes, et l'on a dit vrai. Nous nous rappelons néanmoins l'effet profond que produisirent trois ou quatre de ses toiles à l'Exposition des Alsaciens-Lorrains. On ne se lassait pas d'admirer la hardiesse et la sûreté de cette touche mâle, précise, brûlante, qui écrit le trait avec tant de relief, arrête la lumière sur les plans des modelés et détermine le caractère par de si larges accentuations. *Hals* n'a pas les prodigieux empâtements de *Rembrandt* ; il ne possède pas les mystères de son alchimie picturale ; mais son pinceau robuste dégage aussi de la lumière. Ces deux portraits sont des plus beaux que nous ayons vus du maître, surtout celui de la femme, dont la tête, émergeant d'une collerette tuyautée, resplendit de vie et va parler. Dans le portrait d'homme nous recommandons aux connaisseurs la main en raccourci qui s'appuie au pourpoint du personnage : c'est une merveille qui suffirait à signer le maître.

Par le temps qui court une galerie privée qui peut s'enorgueillir de posséder un seul *David Téniers* authentique est une riche galerie. Nous en avons ici trois signés en toutes lettres, dont deux fort remarquables, et le troisième, l'*Intérieur villageois*, d'une qualité exceptionnelle. A la vérité, ce dernier est pour nous une vieille connaissance, il figurait à la vente du duc de Morny sous le nom de *Intérieur flamand* et plus tard il reparut à celle de Khalyl-Bey avec le titre de *Le petit bonhomme à l'échelle.* Il a, comme on voit, ses parchemins artistiques. Mais quel que soit le nom qui lui demeure, c'est un chef-d'œuvre, dans toute la force du terme. Jamais *David Téniers* ne s'est montré plus délicieusement coloriste que dans ce célèbre tableau d'une harmonie blonde, transparente, aux reflets argentés, que réveille une touche alerte, souverainement spirituelle et dont la justesse est obtenue sans efforts. Quel peintre que ce *Téniers !* Quand on pense qu'un tableau de ce fini et de ce rendu n'a peut-être coûté à l'artiste que le travail d'une après-dînée, on reste confondu d'une telle facilité de génie. Quel peintre aujourd'hui, entre nos plus prestes, serait capable d'exécuter une composition de cette importance dans l'intervalle d'un repas à l'autre ?

Il est bien charmant aussi, dans son gai réalisme, ce *Cabaret* flamand, avec ses fumeurs de pipe et ses buveurs de bière goguenards, babillards et grivois, que, du pas de la porte, surveille une commère rondelette n'ayant rien d'Hébé que les fonctions. Le paysage est caractéristique ; un joli ciel humide d'un gris léger, de fraîches verdures, et dans le lointain un clocher pointu qui semble le perchoir naturel d'une cigogne. — Enfin, et pour en finir avec Téniers, voici une de ces *Tentations de saint Antoine* dans lesquelles l'artiste aimait à déployer sa fantaisie et sa belle humeur de coloriste.

Si *Téniers* est plus alerte, *Adriaan Van Ostade* est plus solide. Sa couleur est profonde, moins craquante. Si celui-là est Flamand, celui-ci est bien Hollandais ; l'un est plus à Rubens, l'autre plus à *Rembrandt*. Un bel *Ostade* est peut-être plus précieux qu'un bon *Téniers*. Nous en avons ici d'une qualité supérieure. *Les joueurs de cartes*, tel est le titre d'une pièce qui, dans l'espèce, peut passer pour l'une des plus heureuses du maître. Pour la finesse des tons, pour la justesse exquise des mouvements, pour l'air et la lumière, nous n'en connaissons pas de meilleure. Malgré la triviale laideur des types, il y a là une poésie de bien-être rustique dont on se sent pénétré. *Ostade* assurément aimait les paysans ; il les a peints heureux et libres. Leurs chaumines enfumées, pleines d'ombres brunes, sont autant de paradis intimes, peuplés de comédies joviales, de chauds rayons et d'éclats de rire sonores. Voyez cet *Intérieur rustique*, dans lequel hommes, femmes et enfants ne s'occupent que de boire : quel large épanouissement d'âme et de corps ! Quelle tranquille entente de la vie réelle ! Comme ces magots-là prennent le temps qui vient avec sérénité secrète. Ils fument, ils boivent, ils jouent, ils sont ensemble, et derrière eux, dans l'ombre, quelques casseroles jettent leurs lueurs dorées et leur chantent l'hymne de la bonne chère.

Sans *Pieter de Hooch, Jean Steen et Adriaan Brouwer,* les Petits-Maîtres de l'École seraient incomplétement représentés dans une collection hollandaise. Les amis de *Brouwer* (ce Villon de la peinture, tant admiré par Rubens, que le grand peintre d'Anvers voulut le loger chez lui pour l'arracher à sa vie désordonnée), auront à choisir entre deux spécimens de sa manière chaude, large et colorée. *Jean Steen* n'a ici qu'un tableau, *la Saint-Nicolas,* mais charmant. *Jean Steen* finit moins que ses rivaux, mais il possède au plus haut degré le don de la vie ; c'est un comique de race, plein de verve et de franche gaieté — « Personne, dit Théophile Gautier, n'a peint la lumière avec plus de puissance et d'illusion que *Pieter de Hooch* ; quand on regarde un de ses tableaux, on est tenté de croire qu'il y tombe de quelque fenêtre un rayon réel. On ne se fatigue pas d'admirer ce blanc ensoleillé, épais, pétri de lumière, qui trace ses zones éclatantes dans la demi-teinte fraîche, vaporeuse, transparente, bleuâtre, de ses paisibles intérieurs. »

Arrivons aux paysagistes. Le premier, par ordre de date,

est ce *Jean Wynants*, le maître probable de tous les autres et le fondateur de l'école. *Wynants* reste par excellence le peintre de la terre natale. On sent qu'elle lui paraissait la plus belle du monde et qu'il n'éprouvait pas le besoin de demander aux cieux étrangers les fines et délicates couleurs de ses feuillages vert-de-grisés, l'ocre de ses terrains et ses azurs nacrés de perle. *Willem Van de Velde*, son élève et son ami, avait certainement appris de lui le secret de cette légèreté de touche et de cette précision de pinceau qui le distingue; mais il ne devait qu'à son propre sentiment le goût de la belle ordonnance qui caractérise ses *Bâtiments en rade*. Si *Willem Van de Velde* excelle à rendre la mer tranquille, où glissent, sous un ciel blafard, les grands vaisseaux aux ailes déployées, *Ludolf Backhuizen* est généralement le peintre des tempêtes : nous possédons ici la rareté d'un *Backhuizen* paisible; mais pour s'apaiser il ne perd pas ses droits au grandiose, et l'on peut admirer dans ce haut vaisseau de guerre sortant du port avec majesté, l'exécution fougueuse et les qualités exactes du peintre calligraphe qui fut, dit-on, à Saardam, le professeur de Pierre-le-Grand.

Notre vieille prédilection pour *Van der Neer* a trouvé un regain devant le *Clair de lune* de cette collection. *Van der Neer*, c'est le peintre du mystère nocturne et des soirs vaporeux, mais c'est aussi le portraitiste le plus vrai de la Hollande. Nul n'a rendu comme lui les eaux dormantes des canaux et les prairies plates bordées de saulaies, que les horizons fuyants font interminables et monotones. Traverser la

Hollande, la nuit, en wagon, c'est habiter un Van der Neer. Trois toiles de premier ordre signées *Jan Van Goyen*, c'est plus qu'il n'en faut pour maintenir à la haute place qu'il a conquise depuis quelques années le peintre original et charmant de la *Meuse à Dordrecht*. Il semblerait, à voir ces paysages uniformément roux, que l'artiste n'ait jamais employé que ce seul ton de sépia auquel on reconnaît ses œuvres de loin. Mais on ne tarde pas à s'apercevoir que ce parti pris a sa saveur, et qu'il n'altère pas le profond sentiment de nature, note dominante du talent de *Van Goyen*. Mais le grand paysagiste de la Hollande, celui dont le génie résume tous ces talents divers, c'est *Jacob Van Ruisdael*.

La supériorité de *Ruisdael* est une preuve de plus à l'appui de cette vérité que l'émotion seule fait les grandes œuvres et crée les grands artistes. Cette profonde mélancolie dont il imprégnait ses paysages, *Ruisdael* l'avait dans l'âme; il l'éprouvait surtout devant la nature, mère féconde il est vrai, mais d'une fécondité terrible qui ne s'alimente que de ses propres désastres. Le sens qu'il en avait était d'une métaphysique toute moderne. Dans les sites qu'il a fixés, les personnages de la poésie moderne pourraient se promener et rêver, tout comme s'y promenait et y rêvait l'âme même du peintre. Les trois toiles de notre collection, choisies avec un goût extrême, suffiraient à l'étude des diverses faces de ce génie, si un par l'idéal, et si multiple par les recherches; elles proposent surtout aux amateurs d'admirables spécimens de ces recherches, et nous ne leur ferons pas l'injure d'influencer leurs préférences.

Terminons par trois maîtres exquis, ***Albert Cuijp***, ***Philips Wouwerman*** et ***Emmanuel de Witte***. ***Albert Cuijp*** n'a pas de genre particulier et il ne saurait être classé, car il a touché à tout avec une égale supériorité. Dans son ***Portrait de jeune femme***, son talent flexible nous apparaît sous une face intéressante de poésie familière.—Quant à ***Philips Wouwerman***, c'est ce que nous appellerions aujourd'hui un peintre de sport. Sa ***halte à la fontaine***, provenant du cabinet de la duchesse de Berry, est accepté depuis longtemps pour l'un de ses chefs-d'œuvre. La facture en est de ce fini moelleux que l'on recherche et la composition élégante et riche semble quelque scène rêvée d'un beau roman de chasse et d'amour. — Enfin d'***Emmanuel de Witte***, le rival souvent préféré de Peeter Neefs, notons un ***Intérieur d'église*** gothique, lumineux, fin et charmant. Trois fois heureux l'amateur avisé qui enrichira l'écrin de sa galerie de cette perle rare et transparente.

EMILE BERGERAT.

DÉSIGNATION

AVERCAMP

(HENRI VAN)

1663.

1 — Effet d'hiver.

La rivière est prise et couverte de gens qui patinent ou se promènent; à certains endroits la glace a été brisée et des pêcheurs avec leurs filets cherchent à prendre du poisson; à gauche, une cabane surmontée d'un drapeau; au second plan, un moulin; à droite, vers le fond, on aperçoit les remparts et les tours d'une ville hollandaise.

Ce tableau est de la plus grande finesse.

Signé : H. A.

Bois. Haut., 26 cent.; larg., 38 cent.

BAKHUYSEN

(LUDOLF)

Né à Embdem, en 1631 ; mort à Amsterdam, en 1709.

2 — **L'Embouchure du Hondt (bras de l'Escaut), à Flessingue.**

Dans le fond, la ville; un navire de guerre, toutes voiles dehors, quitte le port se disposant à gagner la pleine mer; au premier plan, à gauche, un terrain, des vaches et des moutons; quatre personnages regardent une riche embarcation armée tirant une salve, et les marins s'occupant à hisser les voiles; à droite, deux bateaux et une barque chargée de villageois filant à force de rames.

Bon tableau du maître.
Signé en toutes lettres. — Daté 1689?

Toile. Haut., 67 cent.; larg., 95 cent.

BÉGA

(KORNELIS BEGYN, dit)

Né à Harlem, en 1620; mort dans la même ville, en 1664.

3 — **La jeune musicienne.**

Assise sur une terrasse, une jeune femme blonde, vêtue d'une jupe bleue, le corsage décolleté, s'apprête à chanter en s'accompagnant sur un luth; derrière elle, un meuble en partie couvert d'un tapis sur lequel sont posés des cahiers de musique et des livres.

Charmant tableau de la plus belle qualité.

Signé : C. BEAG.

Bois. Haut., 38 cent.; larg., 32 cent.

BEGEIN

(ABRAHAM)

4 — **Une carrière.**

Dans un paysage accidenté, à droite, des rochers couverts d'arbres et de broussailles; sur le penchant de la colline, des mineurs détachent des blocs de pierre, tandis que d'autres les taillent ou les chargent sur un chariot près duquel attendent trois chevaux.

Beau et intéressant tableau de l'artiste.

Signé : A. BEGEIN, 1660.

Toile. Haut., 67 cent. ; larg., 80 cent.

BERCHEM

(CLAES PIETEROZ)

Né à Harlem, en 1620; mort en 1683.

5 — **Animaux dans un paysage.**

Deux vaches et des moutons paissent dans un

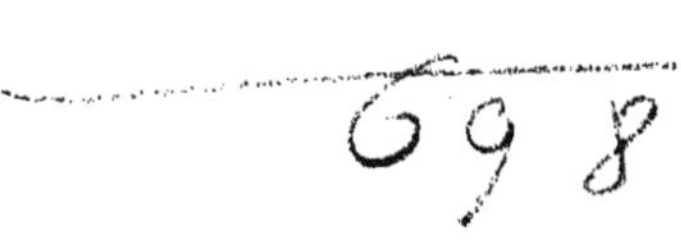

terrain marécageux, au bord d'un cours d'eau, sous la garde de deux femmes, dont l'une est debout, tandis que l'autre trait une chèvre.

Charmant petit tableau d'un ton blond.

Signé du monogramme.

Bois. Haut., 31 cent.; larg., 30 cent.

BERKEYDEN

(GÉRARD)

Né à Harlem, en 1643 ; mort dans la même ville, en 1693.

6 — **L'hôtel de ville à Amsterdam.**

Il occupe le centre du tableau ; sur la place sont groupés de nombreux personnages, des voitures et des cavaliers ; à droite et à gauche, des portefaix chargent des ballots.

Signé : J. BERKEYDEN, 1665.

Toile. Haut., 70 cent.; larg., 85 cent.

BONAVENTURE

(PETERS)

7 — **Tempête.**

A droite, une tour fortifiée à l'entrée d'un port ; des matelots montés dans une chaloupe vont, à force de rames, au secours d'un bateau à voile.

Signé du monogramme.

Bois. Haut., 31 cent.; larg., 45 cent.

BROUWER

(ADRIAAN)

Né à Harlem, en 1608; mort à Anvers, en 1640.

8 — **Les mangeurs de moules.**

Des hommes et des femmes dans un intérieur; les uns, assis autour d'une table, mangent des moules, les autres ont fini leur repas; les cruches de bière ont dû se vider bien des fois, car ces joyeux compagnons se livrent à la plus excentrique gaîté.

Spirituel tableau de l'artiste rappelant, par la franchise de la touche, le faire de F. Hals, son maître.

Bois. Haut., 27 cent.; larg., 35 cent.

BROUWER

(ADRIAAN)

9 — **Le joueur de violon.**

Assis sur un tabouret, les jambes croisées, il chante en s'accompagnant sur son violon; à sa gauche, un vieux buveur, debout, paraît charmé; on aperçoit dans le fond un troisième personnage, vu de dos.

Bois. Haut., 24 cent.; larg., 17 cent.

BRECKELENCAMP

(QUIRIN VAN)

Vivait en 1650 et en 1670.

10 — **Le savetier.**

Assis sur un plancher élevé, il travaille devant une fenêtre; près de lui, une table avec ses outils; contre le mur du fond, les formes servant à faire des chaussures; au-dessus, une tablette, une cage d'oiseaux, une carte géographique; à droite, une porte ouverte et un banc de bois sur lequel est placée une écuelle.

Signé du monogramme et daté 1653.

Bois. Haut., 60 cent.; larg., 82 cent

BRECKELENCAMP

(QUIRIN VAN)

11 — **Intérieur hollandais.**

Devant une grande cheminée, une femme pèle des pommes; un jeune garçon se chauffe près du feu, sur lequel est posé un chaudron rempli d'eau. Au centre, une servante se dispose à prendre un berceau; dans le fond, une grande armoire où sont posés quelques livres et des ustensiles de cuisine.

Signé du monogramme.

Bois. Haut., 48 cent.; larg., 65 cent.

BREUGHEL

(JOHANN, dit de VELOURS)

Né à Bruxelles, en 1569; mort en 1625.

12 — **Paysage montueux.**

Des chariots et des villageois descendent ou gravissent un chemin traversant une colline, du sommet de laquelle on aperçoit une vaste étendue de pays, avec des villages et leurs clochers se perdant à l'horizon.

Cuivre. Haut., 16 cent.; larg., 26 cent.

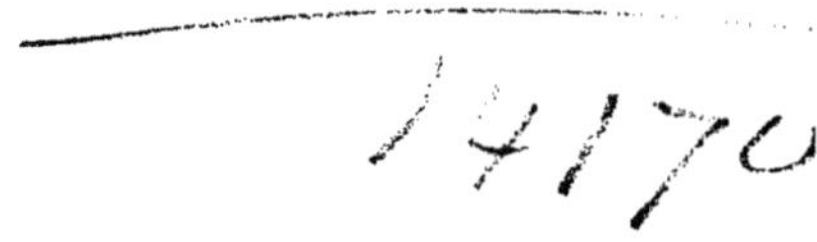

CAMPHUYSEN

(GERITZ)

13 — Intérieur de ferme.

La fermière, assise près d'une fenêtre, se défend contre les agaceries d'un galant qui cherche à l'embrasser, pendant qu'un autre villageois, caché dans l'embrasure de la porte, les observe en souriant; à gauche, deux vaches.

Tableau lumineux d'une qualité remarquable.

Signé en toutes lettres.

Gravé par W. Unger.

Bois. Haut., 67 cent.; larg., 56 cent.

CAPPELLE

(JAN VAN DE)

XVIIe siècle. — Amsterdam?

14 — **Plage.**

La mer monte : les pêcheurs, les uns dans leurs barques, les autres dans des bateaux à voiles, attendent le signal du départ ; sur la droite, au second plan, un monticule au-dessus duquel on aperçoit les toits de quelques maisons. Le soleil, noyé dans la vapeur, se reflète dans les eaux qu'il fait briller par ses rayons.

Ce tableau, qui est signé en toutes lettres, est un des plus beaux connus de ce maître ; il rappelle par sa couleur dorée les peintures d'Albert Cuyp, et par sa finesse les œuvres de W. Van de Velde.

Il provient des collections Festetits et Gsell.

Gravé par Gaucherel.

Toile. Haut., 46 cent. ; larg., 73 cent.

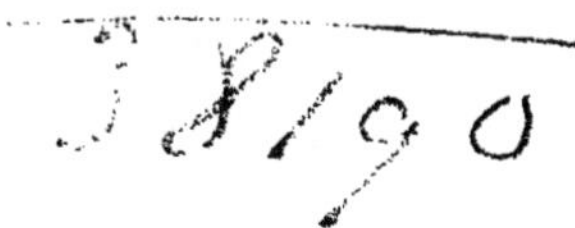

COQUES

(GONZALES)

1614. — 1684. — Anvers.

15 — La jeune musicienne.

Debout auprès d'une fontaine, vue jusqu'aux genoux, et jouant de la mandoline; les cheveux blonds bouclés; elle porte un élégant costume grisâtre, orné de rubans rouges.

Gracieux petit tableau du maître.

Bois. Haut., 21 cent.; larg., 15 cent.

CUYP

(ALBERT)

Né à Dordrecht, en 1605. — La date de sa mort est inconnue.

16 — Portrait de jeune femme.

Assise, vue jusqu'aux genoux, vêtue d'une robe noire, large collerette rabattue, elle s'apprête à coudre.

Signé en toutes lettres.

Bois. Haut., 75 cent.; larg., 60 cent.

DELEN

(DIRCK VAN)

Né à Alkmaar, en 1607 ? — La date de sa mort est inconnue; il vivait après 1651.

17 — **Intérieur d'une riche habitation hollandaise.**

Plusieurs dames sont réunies dans un salon; trois, assises autour d'une table, causent et font un bouquet et une couronne de fleurs; sur la gauche, une quatrième, debout auprès d'une porte ouverte donnant sur une cour, porte des fleurs dans une corbeille ; à droite, la plus âgée est assise devant une cheminée à colonnes de marbre; en face se trouve une porte cintrée d'où l'on aperçoit une autre pièce à cheminée de marbre richement sculptée.

Bois. Haut., 95 cent.; larg., 1 m. 40 cent.

GOYEN

(JAN VAN)

Né à Leyde, en 1596; mort à La Haye, en 1666.

18 — **La Meuse, à Dordrecht.**

Les eaux agitées, un ciel nuageux indiquent un vent violent; quelques bateaux à voiles fuient vers le fond; sur le devant, deux pêcheurs, dans leurs canots, ont jeté leurs filets, tandis que d'autres, sur la gauche, abordent au rivage et déchargent des paniers pleins de poissons.

Des cavaliers et un chariot rempli de villageois font halte devant une auberge.

Ce tableau d'un ton doré, d'une exécution ferme, chaude et transparente dans les ombres, est évidemment un des plus remarquables de ce maître.

Il est signé et daté 1632.

Gravé par W. Unger.

Bois. Haut., 47 cent.; larg., 73 cent.

GOYEN

(JAN VAN)

19 — **Site hollandais.**

Pays plat coupé sur le devant par une haie, quelques maisons de paysans auprès d'un bouquet d'arbres; à gauche, une mare ; un peu plus loin, trois villageois.

Charmant petit tableau de la plus remarquable finesse.

Signé du monogramme et daté 1640.

Bois. Haut., 32 cent.; larg., 39 cent.

GOYEN

(JAN VAN)

20 — **Ville hollandaise.**

Entourée d'un mur d'enceinte flanqué de tourelles, elle s'étend le long d'une colline au bas de laquelle coule une rivière; sur le premier plan, deux chevaux traînent un bateau chargé de villageois.

Très-beau tableau du maître, d'un ton chaud et transparent.

Signé du monogramme et daté 1649. Gravé par Ficher.

Bois. Haut., 61 cent.; larg., 76 cent.

HALS

(FRANS)

Né à Malines, en 1584 ; mort à Harlem, en 1666.

21 — **Portrait d'homme.**

Vu jusqu'à la ceinture, la tête de trois quarts tournée vers la droite, coiffé d'un chapeau noir à large bord, les cheveux grisonnants, les sourcils épais, l'œil fin regardant le spectateur ; il porte moustache et barbiche ; vêtement en soie noire et manteau sur les épaules, collerette à tuyaux ; sa main droite à demi fermée est ramenée sur la poitrine, il tient ses gants de la main gauche.

On lit dans le fond :

Aetat. S. V. Æ. 50. An. 1635. — Signé : F. H.

Gravé par UNGER dans l'œuvre de F. HALS, par VOSMAER.

Toile. Haut., 87 cent.; larg., 67 cent.

HALS

(FRANS)

(PENDANT DU PRÉCÉDENT)

22 — **Portrait de femme.**

Vue jusqu'à la ceinture, la tête presque de face, coiffée d'un bonnet blanc ; elle porte une large collerette sur un riche vêtement en soie noire ; ses mains l'une sur l'autre sont appuyées à la ceinture.

On lit dans le fond :

ÆTA'SVÆ 53. AN 1640. Signé : . H.

Gravé par UNGER dans l'œuvre de F. HALS, par VOSMAER.

Ces deux portraits sont peints avec toute la vigueur et la franchise d'exécution qui caractérisent les plus beaux portraits du grand artiste.

Toile. Haut., 87 cent.; larg., 67 cent.

HALS

(DIRCK)

1589. — 1656. — Malines.

23 — **Assemblée galante.**

Dans un intérieur, au centre, deux jeunes femmes et un jeune garçon chantent, un homme assis les accompagne avec son violon; à gauche, trois cavaliers fument et causent; vers le fond, à droite, d'autres personnages près d'une table servie.

Bois. Haut., 45 cent.; larg., 68 cent.

HELST

(BARTHOLOMEUS VAN DER)

Né à Harlem, en 1613; mort à Amsterdam, en 1670.

24 — **Famille hollandaise.**

Le père et la mère sont représentés assis dans un paysage, ayant à gauche la fille aînée qui tient sur ses genoux son plus jeune frère, et à droite une autre fillette qui caresse un petit garçon tenant un oiseau.

Toile. Haut., 1 m. 60 cent.; larg., 1 m. 47 cent.

HOOCH

(PIETER DE)

Florissait vers le milieu du XVIIe siècle.

25 — **Intérieur hollandais.**

Une jeune ménagère debout, tenant un panier, se dispose à sortir et cause avec une femme accroupie devant une cheminée, occupée à allumer son feu; un petit chien à longs poils s'apprête à accompagner sa maîtresse; la porte ouverte laisse voir une chambre à façade vitrée, donnant sur la rue que le soleil éclaire vivement.

Ce tableau est signé en toutes lettres et daté 1656.

Collection Meffre.

Toile. Haut., 58 cent.; larg., 69 cent.

KLOMP

(ALBERT)

1632.

26 — **Pâturage.**

Un bœuf debout; à droite, deux moutons; dans le fond, une haie formée par des arbres au-dessus desquels on aperçoit les toits de quelques maisons et le clocher d'une église.

Signé en toutes lettres : A. KLOMP.

Bois. Haut., 34 cent.; larg., 30 cent.

KONINCK

(PHILIPS)

Né à Amsterdam en 1619; mort en 1689.

27 — Site aux environs de Scheveningen.

Au premier plan, un chemin tournant vers la gauche où passent un homme et une femme montés sur un âne; une paysanne chasse devant elle des moutons; au second plan, des champs de blé et quelques maisons entourées d'arbres; dans le fond, les dunes que le soleil éclaire vivement.

Signé du monogramme.

Bois. Haut., 43 cent.; larg., 59 cent.

LUNDENS

(GERRIT)

1660.

28 — Le concert après le repas.

Dans un intérieur rustique, différents personnages sont assis autour d'un escabeau sur lequel se trouvent les restes d'un déjeuner; au centre, un homme portant un costume de chasse; à ses côtés, une jeune femme tient une partition et chante; derrière elle, deux musiciens l'accompagnent sur leurs instruments; un peu sur la gauche, un homme et une femme rient en apercevant un des convives qui s'endort, la tête appuyée contre une cloison en planches.

Ce tableau est signé et daté 1657.

Bois. Haut., 53 cent.; larg., 72 cent.

MAAS

(NICOLAS)

1632. — 1693.

29 — **Portrait d'un jeune homme.**

Debout, vu jusqu'aux genoux, la main gauche sur la hanche, la figure de trois quarts tournée vers la droite, les cheveux châtains, bouclés et tombant sur les épaules, il est vêtu d'une ample robe de chambre en soie violette, dont il ramène les plis de sa main droite, posée sur la poitrine.

Toile. Haut., 1 m. 15 cent.; larg., 95 cent.

MOOR

(KAREL DE)

Né à Leyde, en 1656; mort à La Haye en 1738.

30 — **Portraits d'une dame et de son mari, représentés dans un parc.**

La dame est assise auprès d'une fontaine représentant un groupe d'amours en marbre, le mari debout auprès d'elle, le bras droit appuyé sur un mur de pierre, lui offre une branche de fruits.

Toile. Haut., 1 m. 60 cent.; larg., 1 m. 22 cent.

NEER

(AART VAN DER)

Né à Amsterdam, en 1613 ou 1619; mort en 1683 ou 1684.

31 — **Site marécageux. — Effet de clair de lune**

Le ciel est nuageux; la lune, en partie cachée, se reflète dans un cours d'eau bordé de joncs et de broussailles; à gauche, quelques maisons entourées d'arbres; dans le fond, une tour et un village à l'horizon; sur le devant, deux villageois.

Très-beau paysage signé du monogramme.

Bois. Haut., 40 cent.; larg., 56 cent.

OSTADE

(ADRIAAN VAN)

Né à Haarlem, en décembre 1610; mort à Haarlem, en 1685.

32 — **Les joueurs de cartes.**

Dans un intérieur, deux hommes et une femme autour d'une table sur laquelle sont jetées des cartes à jouer; la femme, assise sur la droite, tient un verre et écoute un homme qui lui offre une pièce de monnaie; debout le troisième personnage prête l'oreille à leur conversation; dans le fond, à droite, on aperçoit une fenêtre, à gauche, une cheminée.

Remarquable tableau de ce maître, de son faire le plus précieux et de la plus parfaite conservation.

Signé : A. V. Ostade.

Cité au catalogue raisonné de Smith, supplément n° 111.

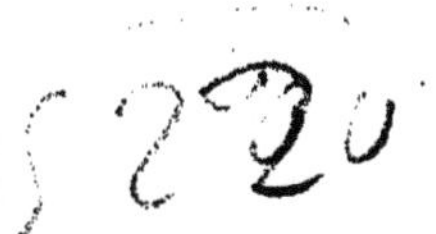

Il provient des collections : T. Emerson, comte Cornelissen, M. Gilkines et Tardieu.

Gravé par W. Unger.

Bois. Haut., 27 cent.; larg., 22 cent.

OSTADE

(ADRIAAN VAN)

33 — **Intérieur rustique.**

Quatre villageois sont groupés autour d'une table, buvant ou fumant; deux d'entr'eux causent avec une femme assise sur un escabeau; sur la droite, un jeune garçon tient une canette et fait boire une petite fille; la lumière entre par une porte que tapisse une vigne grimpante; dans le fond, une cheminée; de nombreux ustensiles de cuisine ou de ferme sont suspendus autour de la pièce.

Cité dans le catalogue raisonné de Smith, supplément n° 20.

Collection Pereire.

Bois. Haut., 37 cent.; larg., 44 cent.

OSTADE

(ISAAK VAN)

Né à Haarlem, en 1621; mort en 1655.

34 — **Halte de voyageurs.**

Ce tableau, qui provient de la célèbre galerie du baron de Brienen de Grootelindt, est ainsi décrit dans le catalogue :

Un chariot attelé de deux chevaux, l'un blanc, l'autre brun, vient de s'arrêter à la porte d'une auberge de village pour laisser reposer les deux bêtes stationnant près d'une mangeoire, tandis qu'un domestique s'apprête à leur donner à boire.

Un jeune homme aide à descendre du chariot une dame vêtue de noir avec une collerette blanche rabattue; en se levant, elle s'appuie sur la croupe du cheval brun.

Un gentilhomme assis dans le chariot, une pièce de monnaie à la main, se dispose à faire l'aumône à un mendiant qui lui tend son chapeau pour solliciter la charité du voyageur.

Au premier plan, deux enfants assis causent avec une petite fille debout, ayant un chien près d'elle.

Sous un arbre, un vieux buveur tient son verre de la main droite et parle à un musicien qui joue de la vielle, tandis qu'à ses pieds on voit une cruche en grès blanc; un paysan, placé derrière, semble attentif à la conversation, et le maître du logis, appuyé sur la clôture d'une tonnelle, paraît, ainsi qu'un jeune garçon, écouter le musicien.

A gauche, un marchand ambulant s'appuie au dos de son étal; tout près une femme tient par la main un enfant dont elle guide les premiers pas. A côté d'eux se trouve un mendiant.

A l'arrière-plan, une de ces voitures que l'on appelait un *coche* stationne sous un massif d'arbres; des valets donnent à manger aux chevaux; plus loin, l'église du village avec son clocher.

Un coq, deux poules, et divers accessoires complètent, au premier plan, cette composition remplie de mouvement.

Le soleil, dont les rayons filtrent à travers les arbres, répand sur ce tableau une lumière douce et tranquille qui en complète les harmonies.

Supplément du catalogue raisonné de Smith, p. 134, n° 36.

Bois. Haut., 63 cent.; larg., 85 cent.

REMBRANDT

(VAN RIJN)

Né à Leyde, en 1607; mort à Amsterdam, en 1669.

35 — Portrait d'homme.

Nous empruntons la description de ce merveilleux portrait au *Zeitschrift für Bildende Kunst* de M. Vosmaer, l'homme évidemment le plus autorisé, par ses études sur Rembrandt, à parler des œuvres du grand artiste.

« On trouve dans la collection de M. le chevalier J. R. de L***, à Vienne, parmi d'autres tableaux de l'Ecole flamande, tous d'un grand intérêt pour le connaisseur, un portrait de première beauté de Rembrandt, signé : Rembrandt. *f.* 1658.

« Le tableau appartient par conséquent à une époque où le grand maître s'éleva d'un vol hardi au-dessus des tristes circonstances de sa vie en produisant après la période glorieuse de son grand chef-d'œuvre de 1642 (connu sous le nom de

« Ronde de nuit », de nouvelles merveilles, peut-être plus grandioses encore par leur coloris brillant et le mystérieux clair-obscur qui les enveloppe.

« Nous placerons ce portrait au rang des magnifiques productions des années 50—60, inimitables par leur couleur chaude et non moins brillantes que le tableau de « l'Ecuyer », unique dans son genre.

« Le portrait en question, dont Unger nous a donné une si parfaite reproduction, représente un homme de grandeur naturelle, revêtu d'un paletot brun; des manches s'échappe, en plis épais, une chemise d'un blanc jaunâtre; un chapeau de couleur sombre couvre ses longs cheveux bruns. Il tient dans ses mains un volume in-folio et à côté de lui, sur une colonne, se trouve le buste en couleur d'un jeune homme. Le visage, maigre, d'un teint jaunâtre, est de face, les yeux noirs sont enfoncés dans leur orbite. L'expression de la figure est pleine de vie et de sentiment. La tête est éclairée dans le genre adopté à cette époque par Rembrandt. Le maître aimait alors à éclairer ses portraits d'une lumière faible mais dorée, tombant sur le front, le nez et une partie de la joue, et se répandant par d'insensibles dégradations sur les parties de la figure restées dans l'ombre, telles que les sourcils, la bouche et le menton. Le corps et le fond du tableau sont plongés dans un mystérieux clair-obscur du milieu duquel la partie éclairée du visage ressort admirablement bien. Dans le portrait que nous avons devant nous, le peintre étend cette lumière dorée sur les manches et sur la main qui tient le livre, en reliant la partie lumineuse du haut du vêtement avec la tête. Le portrait est d'une ampleur et d'une grandeur imposantes, le coloris extrêmement chaud, les couleurs concentrées, d'un ton brun, jaune clair et doré. Nous retrouvons ces mêmes tons, cette lumière et ce style dans le beau portrait de Nicolas Bruyning dans la galerie de Cassel (1657), et dans le portrait d'un savant ou d'un rabbin dans la galerie nationale à Londres (1657), ainsi que dans le portrait du maître fait par lui-même et dans celui du rabbin au Belvédère, à Vienne. »

Ce portrait, chose rare aujourd'hui, est encore sur sa toile vierge. Il est d'une importance exceptionnelle et digne par sa qualité d'enrichir un des musées de l'Europe.

Gravé par W. Unger.

Toile. Haut., 1 m. 08 cent.; larg., 85 cent.

RUISDAEL

(JACOB VAN)

Né à Harlem, en 1625; mort dans la même ville, en 1682.

36 — Chute d'eau

Dans un site, d'un aspect sauvage, coule une rivière dont les eaux abondantes tombent en cascades et se brisent contre les rochers qui se trouvent au premier plan; à droite, au second plan, une maison au sommet d'un monticule formé par des rochers en partie couverts d'arbres dont les uns se penchent au-dessus du torrent. Ciel fin et nuageux.

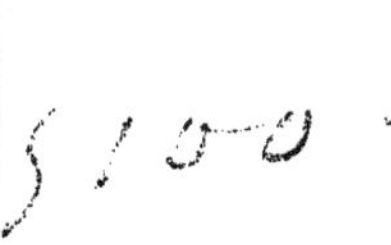

Ce tableau, de l'exécution la plus fine du maître, est signé en toutes lettres.

Cité au catalogue raisonné de Smith, n° 280.

Collections N. R. Preston et Thomas Howard.

Toile. Haut., 70 cent.; larg., 55 cent.

RUISDAEL

(JACOB VAN)

37 — **Le sentier.**

La vue est prise sur le penchant d'une colline, des broussailles et des herbes aux fleurs jaunes poussent au premier plan ; à droite, un villageois, son âne et son chien descendent un sentier sinueux ombragé par des arbres au milieu desquels on aperçoit une maisonnette en partie cachée ; sur la droite et au second plan, une palissade longeant un cours d'eau où poussent des joncs et des arbustes ; vers le fond, un bouquet d'arbres au feuillage léger se détachant sur un ciel bleu semé de quelques nuages éclairés par les rayons du soleil couchant.

Très-beau et vigoureux paysage du maître rappelant par son exécution le célèbre tableau du Louvre connu sous le titre du « Buisson. »

Signé en toutes lettres et daté 1667.

Gravé par G. Greux.

Toile. Haut., 70 cent. ; larg., 95 cent.

RUISDAEL

(JACOB VAN)

38 — **Effet de neige.**

Un chemin tournant; deux villageois vus de dos s'éloignent suivis de leurs chiens; à droite, un monticule ; à gauche, quelques arbres font ombre sur le premier plan ; au centre du tableau, un pieu. surmonté d'une lanterne. Ciel nuageux; dans le fond, on aperçoit une église.

Toile. Haut., 35 cent.; larg., 29 cent.

RUISDAEL

(SALOMON VAN)

Né à Haarlem, mort en 1670.

39 — **Site hollandais.**

Une rivière occupe le premier plan, sur le bord poussent des arbres au feuillage vert et touffu; à droite, on aperçoit une riche habitation ; à gauche, des pâturages avec animaux venant se désaltérer. Sur le devant, des pêcheurs dans un bateau.

Beau tableau de l'artiste.

Signé : S. V. R. 1649.

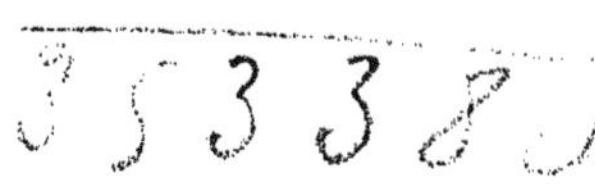

Bois. Haut., 63 cent.; larg., 92 cent.

STEEN

(JAN)

Né à Leyde, en 1626; mort à Leyde, en 1679.

40 — **La Saint-Nicolas.**

Ce tableau, qui provient de la collection Delessert, est ainsi décrit dans le catalogue sous le n° 86 :

C'est grande fête pour les enfants, dans un intérieur hollandais: les pommes semblent tomber du ciel, chacun s'empresse à les recevoir, les chapeaux, les mains, les tabliers tendus; dans la bagarre, une petite fille pleure, un petit garçon la console; la mère retient avec peine sur ses genoux un enfant qui voudrait aussi avoir sa part du butin; chacun rit; les chaises, les meubles sont renversés; dans le fond, un vieillard aveugle se fait raconter ce qui se passe par une vieille femme debout près de lui. On aperçoit en haut, par une lucarne ouverte, une bonne vieille, la cause de tout ce tumulte, qui lance les pommes par le volet entr'ouvert.

Bois. Haut., 56 cent.; larg., 50 cent.

TEMPEL

(ABRAHAM VAN DEN)

1672.

41 — **Portrait du professeur Linden.**

Vu à mi-corps, la tête presque de face, légères moustaches, cheveux blonds séparés au milieu, vêtement noir avec col rabattu, il tient un livre de la main droite, la gauche est appuyée sur le dossier d'un fauteuil.

Très-beau portrait d'une exécution fine et suave.

Signé en toutes lettres : A. V. TEMPEL F. 1660.

Gravé au XVIIe siècle par F. COSSINS.

Toile. Haut., 88 cent.; larg., 70 cent.

TEMPEL

(ABRAHAM VAN DEN)

(PENDANT DU PRÉCÉDENT)

42 — **Portrait de la femme du professeur Linden.**

Debout, vue à mi-corps, la figure de trois-quarts, les cheveux châtains, elle porte une robe de soie noire ornée de rubans et une large collerette rabattue; elle a les mains croisées à la ceinture et tient un écran; fond avec rideau rouge, paysage et vase de marbre.

Très-beau portrait. Signé : A. V. TEMPEL, 1660.

Toile. Haut., 88 cent.; larg., 70 cent.

TENIERS

(DAVID, le jeune)

Né à Anvers, en 1610; mort à Bruxelles, en 1694.

43 — Intérieur flamand.

Dans une grande chambre, sept villageois sont groupés devant une cheminée, les uns assis, les autres debout, causant, buvant ou fumant; à gauche, un homme, portant une veste rouge, gravit les degrés d'une échelle conduisant au grenier; sur le devant, un chien, un banc de bois où sont posés un linge, un pot en grès; au fond, un paysan entrant, deux poulets, des tonneaux et de nombreux ustensiles de cuisine.

Ce tableau, qui est d'une admirable conservation, réunit toutes les qualités que l'on peut désirer de ce maître; il est clair et argenté, les figures sont de sa touche la plus fine et la plus spirituelle.

Il est signé en toutes lettres : D. TENIERS, F.

Gravé par W. UNGER.

Il provient des collections du comte de Morny et Khalil-Bey.

Bois. Haut., 43 cent.; larg., 58 cent.

TENIERS

(DAVID, le jeune)

44 — Tentation de saint Antoine.

Dans une grotte creusée dans les rochers, le saint agenouillé regarde avec surprise deux femmes et deux jeunes gens, élégamment vêtus, qui se présentent à lui ; à gauche, deux furies, l'une montée sur un lion, armée d'un balai ; auprès, une vieille femme assise, ayant un monstre à ses côtés, tient des balances et pèse des pièces de monnaie ; à droite, un homme monté sur un porc, court, tenant un verre et un cruchon ; dans le fond, une femme et des animaux fantastiques ; au-dessus du saint, voltigent un amour et une chauve-souris ; un monstre monté sur un oiseau perce d'un coup de lance une grenouille qui est à califourchon sur un poisson.

L'artiste, dans les différentes scènes de cette composition, a représenté les sept péchés capitaux.

Très-beau et intéressant tableau du maître, signé en toutes lettres : D. TENIERS, F.

Cité au Catalogue raisonné de Smith, supplément n° 13.

Gravé par W. UNGER.

Bois. Haut., 42 cent.; larg., 56 cent.

TENIERS

(DAVID, le jeune)

45 — **Le cabaret.**

De nombreux villageois sont réunis devant une maison rustique, les uns boivent à l'abri sous un toit de chaume, les autres fument assis autour d'un banc de bois ; un des convives s'approche de ces derniers, la pipe à la bouche, et tenant à la main droite une canette ; la maîtresse du cabaret, sur la porte de sa maison, surveille les consommateurs ; au second plan, quelques buveurs s'éloignent ; dans le fond, des arbres et le clocher d'une église se détachant sur un ciel brillant.

Charmant tableau du maître.

Signé en toutes lettres : D. TENIERS, F.

Collection Oudry.

Bois. Haut., 24 cent.; larg., 34 cent.

VEEN

(B.-D.)

46 — **La route.**

Les roues des charrettes y ont tracé de larges sillons ; au centre, un homme et une femme sont arrêtés près d'une mare ; au second plan, une maison entourée de quelques arbres ; on aperçoit, dans le fond, les dunes de Scheveningen.

Tableau intéressant signé : B. VEEN, 1648.

Bois. Haut., 38 cent.; larg., 37 cent.

VELDE

(WILLEM VAN DE)

Né à Amsterdam, en 1633; mort à Greenwich, en 1707.

47 — Marine, bâtiments en rade.

Ce tableau, qui provient de la collection Pereire, est ainsi décrit dans le catalogue sous le n° 170 :

La mer est calme ; le ciel est clair et brillant. Toute une flotte est au mouillage; des embarcations sans nombre sillonnent la rade. Les pavillons des navires flottent au vent ; sur la gauche, des ouvriers radoubent un bâtiment.

Grande et belle composition. Signé du monogramme W. V. V.

Vente de Mecklembourg, n° 27 du catalogue, 1854.

Gravé par W. UNGER.

Toile. Haut., 77 cent.; larg., 1 m. 08 cent.

VERSPRONK

(JEAN)

XVIIe siècle.

48 — **Portrait d'un jeune garçon.**

Vu à mi-corps, la tête de trois-quarts, les cheveux blonds coupés droits sur le front; il porte un vêtement gris avec manteau enroulé autour du corps, une large collerette en guipure rabattue sur les épaules.

On lit dans le fond : *Ætatis* 15 *anno* 1634, et la signature : J. VSPRONC.

Bois. Haut., 70 cent.; larg., 54 cent.

WITTE

(EMANUEL DE)

Né à Alkmaar en 1607; mort à Amsterdam en 1692.

49 — **Intérieur d'église.**

Un prédicateur est en chaire, de nombreux personnages écoutent le sermon avec recueillement : au premier plan, un seigneur debout, drapé dans un ample manteau; dans l'angle à gauche, un jeune valet tenant deux chiens en laisse; le soleil pénétrant par les fenêtres et se jouant à travers les piliers de pierre du temple les éclaire vivement, d'un ton brillant et doré, éparpillant sa lumière sur les lustres de cuivre et l'orgue que l'on aperçoit au second plan, laissant dans les ombres un ton chaud et vaporeux.

Ce tableau est remarquable par la vigueur de l'exécution, il peut être comparé aux rares et admirables intérieurs d'église qu'a peints quelquefois Albert Cuyp.

Signé : EMANUEL DE WITTE, 1665.

Collection Thomas Howard.

Gravé par TOUSSAINT.

Bois. Haut., 41 cent.; larg., 33 cent.

WOUWERMAN

(PHILIPS)

Né à Harlem, en 1620; mort en 1619.

30 — Halte à la fontaine.

Dans un charmant paysage accidenté, des chasseurs font faire halte auprès d'une fontaine en pierre ornée de bas-reliefs; au centre, un vieux mendiant, ayant sa femme près de lui, a ôté son chapeau et demande l'aumône à une jeune dame qui passe montée sur un cheval; un cavalier, tenant un faucon sur le poing, caracole auprès d'elle; derrière eux, marchent des valets suivis de leurs chiens et conduisant deux mulets chargés de provisions; sur le devant, une bohémienne assise allaite son enfant; un peu plus loin, un cavalier fait boire son cheval pendant que deux chasseurs, que l'on aperçoit au second plan, se désaltèrent sous une tonnelle.

Ce petit tableau, qui a orné les plus belles collections du siècle dernier, est un morceau exquis de l'exécution la plus fine et la plus remarquable du maître.

Signé du monogramme.

Il est décrit dans le catalogue raisonné de Smith, n° 12. Il a été gravé par MOYREAU et par UNGER.

Collections : Comtesse de Verue, Boisset, Praslin et duchesse de Berry.

Cuivre. Haut., 19 cent.; larg., 26 cent.

WOUWERMAN

(PHILIPS)

51 — **La croix de bois.**

Dans un paysage agreste, au sommet d'un monticule formé par des rochers, est plantée une croix ; un bon villageois agenouillé fait sa prière, un cavalier ôte son chapeau en passant ; au premier plan, une mare ; sur la droite, un homme en veste rouge, tenant un faucon sur le poing.

Signé du monogramme.

Collection du directeur Engerth.

Bois. Haut., 27 cent.; larg., 22 cent.

WYNANTS

(JAN)

Né à Harlem, vers 1600 ; mort après 1677.

52 — **Paysage.**

Des plantes poussent au pied de quelques arbres qui bordent un chemin conduisant à une superbe habitation seigneuriale avec tourelles, fossés et pont-levis ; au centre, un cavalier et des villageois ; sur la droite, des fermes, des paysans occupés à faire la moisson ; dans le fond, des collines.

Signé : J. WYNANTS, 1674.

Cité au catalogue raisonné de Smith, n° 160.

Toile. Haut., 63 cent.; larg., 78 cent.

ZORG

(ROKES-HENDRIK, surnommé MARTENZ)

Né à Rotterdam, en 1621 ; mort en 1682.

53 — **Intérieur rustique.**

Un vase en cuivre jaune, un baquet, une cruche en terre rouge renversée, des chaussures, un linge blanc et autres ustensiles auprès d'une cloison en planches sur laquelle une poule est perchée ; au-dessous, un chat sur un tonneau ; au second plan, deux hommes se chauffant devant une cheminée.

Bois. Haut., 37 cent.; larg., 32 cent.

www.ingramcontent.com/pod-product-compliance
Ingram Content Group UK Ltd.
Pitfield, Milton Keynes, MK11 3LW, UK
UKHW020442180726
13839UKWH00004B/1575

9 782329 536897